皇帝大婚

《紫禁城》杂志编辑部◎编

故宫出版社

图书在版编目（CIP）数据

皇帝大婚 /《紫禁城》杂志编辑部编 . —北京 : 故宫出版社 , 2018.4（2018.12 重印）

ISBN 978-7-5134-1107-3

Ⅰ . ①皇… Ⅱ . ①紫… Ⅲ . ①皇帝—结婚—礼仪—中国—明清时代 Ⅳ . ① D691 ② K891.22

中国版本图书馆 CIP 数据核字（2018）第 061760 号

皇帝大婚

出 版 人：王亚民
责任编辑：周利楠　崔月姣　关　键
设　　计：王　梓
出版发行：故宫出版社
地址：北京市东城区景山前街4号　邮编：100009
电话：010-85007808　010-85007816　传真：010-65129479
网址：www.culturefc.cn
邮箱：ggcb@culturefc.cn
制　　版：北京印艺启航文化发展有限公司
印　　刷：北京启航东方印刷有限公司
开　　本：889毫米×1194毫米　1/16
印　　张：13.5
版　　次：2018年4月第1版
　　　　　2018年12月第2次印刷
印　　数：10001～17000册
书　　号：ISBN 978-7-5134-1107-3
定　　价：86.00元

目录

第一章 **婚前准备** ○○五

在紫禁城大婚的帝后 ○○七

纳采礼 ○一九

大征礼 ○三七

抬送妆奁入宫 ○四三

第二章 **成婚当日** ○七三

册立礼 ○七五

奉迎礼 ○九五

合卺礼 一二七

第三章 **婚后礼节** 一五七

庙见礼 一五九

朝见礼 一六七

颁诏、庆贺与筵宴 一七三

内務府官員
禮儀處司員
工部司員
禮部司員
總管内務府大臣
工部堂官
禮部堂官
泰
運
御仗前導
守衛官兵
鴻臚寺序班
正使
副使
后父等跪迎
喜
喜
喜

第一章

婚前准备

皇帝的婚礼极为隆重，这不仅是两个人、两个家族的结婚仪式，更是一次国家的盛典，是紫禁城中最热闹、最喜庆的活动，也是紫禁城中轴线上的建筑最完整使用的活动。

節亭
甲胄龍亭
甲胄龍亭
鑾儀衛官
鑾儀衛官
內務府官
工部司員
鑾儀衛校尉
欽天監官
副使
正使
禮部司員
鴻臚寺鳴贊官
鴻臚寺鳴贊官
鴻臚寺序班
鴻臚寺序班
御仗前導
御仗前導
鑾儀衛掌大馬衛士
鑾儀衛掌大馬衛士

在紫禁城大婚的帝后

清人绘 福临朝服像轴

辉煌壮美的紫禁城与皇帝大婚的隆重很是相配，但并非每位皇帝都曾有此经历，在清朝帝王中只有幼年登极的顺治、康熙、同治、光绪这四位帝王在紫禁城中举行大婚庆典，其余

的几位皇帝在登极之前就已成婚，溥仪更是在清朝终结之后才与婉容举行的婚礼。

顺治帝前后共有四位皇后，第一位是博尔济吉特氏，于顺治八年（一六五一年）举行大婚典礼

什么是「六礼」

自周代以来，婚礼主要经过：纳采、问名、纳吉、纳征、请期、亲迎六个程序，古称「六礼」。纳采，即男方家请媒人去女方家提亲，女方家答应议婚后，男方备礼前去求婚。问名，即男方家请媒人问女方的名字和出生年月日。纳吉，即男方将女子的名字、八字取回后，在祖庙进行占卜。纳征，亦称纳币，即男方家以聘礼送给女方家。请期，男家择定婚期，备礼告知女方家，求其同意。亲迎，即新郎亲至女家迎娶。

并册封为皇后。但是，婚后的顺治帝与皇后感情十分不和，最终博尔济吉特氏被废。顺治十一年（一六五四年）举行了第二次大婚，迎娶了第二位皇后博尔济吉特氏，即孝惠章

江山与爱情

清初的顺康二帝，所聘皇后以巩固皇权为首要条件，顺治帝娶了蒙古王公之女，康熙帝娶了四大辅臣之女；晚清同、光二帝的婚姻则以强化太后之权为主要因素，同治帝经过力争才得以娶到情投意合的皇后，光绪帝则娶了慈禧太后的侄女。看来，面对江山与爱情，皇帝可以拥有一场天下最体面的婚礼，但却不一定能享受普通人最平凡的幸福。

清人绘　孝惠章皇后朝服像轴

皇后，也是被废皇后的侄女。另外两位皇后分别是宠妃董鄂氏和康熙帝生母佟佳氏，她们都是去世之后被追封为皇后，并未与顺治帝举行过大婚典礼。

清人绘　玄烨朝服像轴

康熙皇帝一生也有四位皇后，只有赫舍里氏与康熙帝举行过大婚典礼，她是皇太子允礽的生母、辅政大臣索尼的孙女。康熙十三年（一六七四年）赫舍里氏生下允礽七日后病逝，允礽出生后便失去了生母，这也是康熙十分疼爱他的一个重要原因。

清人绘　孝诚仁皇后（赫舍里氏）朝服像轴

辅政大臣遏必隆之女钮祜禄氏，于康熙十六年（一六七七年）被册封为皇后，一年后去世。佟佳氏于康熙二十八年（一六八九年）被晋封为皇后，册立的次日去世。乌雅氏是雍正皇帝生母，雍正即位后被尊为皇太后，去世之后被追封为孝恭仁皇后。

清人绘 载淳朝服像轴

同治皇帝只有一位皇后，即孝哲毅皇后阿鲁特氏，同治十一年（一八七二年）在紫禁城内举行了大婚典礼，婚后帝后感情十分和睦。但是，这位皇后却并不讨慈禧太后的喜

清人绘　孝哲毅皇后朝服像轴

欢，好景不长，一年多之后同治皇帝病逝，没多久阿鲁特氏也去世，同治帝的婚姻以悲剧结束。

清人绘　载湉朝服像轴

光绪帝也只有一位皇后，即孝定景皇后叶赫那拉氏，光绪十五年（一八八九年）举行了大婚典礼。叶赫那拉氏是慈禧太后的内侄女，容貌平平，且年长光绪帝三岁，光绪帝并不

清人绘 孝定景皇后朝服像轴

中意她，而是与珍妃情投意合。随着大清帝国内忧外患的不断发生、珍妃的惨死，光绪皇帝的婚姻也最终成为了一场悲剧。

站班章京
帛定龍亭
工部司員
緞疋龍亭
內務府官
鑾儀衛官
鑾儀衛校尉
工部司員
內務府官

纳采礼

清顺治
铜镀金嵌珠石珊瑚马鞍

纳采礼，即男家请媒人到女家求婚，女家同意后，男方行纳采之礼，也就是通常说的订婚。纳采礼中既有实用之物，也有象征性的礼物，不同民族的生活习俗不同对纳采礼的认定也不同。清朝是满族贵族建立的王朝，其礼仪典制方面自然会带有满族文化特征。纳采礼礼品由内务府筹办，其中甲胄、马匹占有重要的地位，反映出清朝以骑射作为国家的根本。

清顺治 铁金累丝御用盔

皇帝的纳采礼物

顺治帝大婚纳采礼有：配鞍辔的马十匹、甲胄十副、缎百匹、布二百匹、金茶筒一个、银盆两个；康熙帝大婚纳采礼有：马十匹、鞍辔具，甲胄十副，缎百匹，布二百匹；同治、光绪帝的大婚纳采礼与康熙帝相同。

清顺治 银刻花嵌松石珊瑚马鞍

清帝婚礼中的尚武精神

清朝以骑射开国，马上得天下，马鞍、盔甲等是皇帝大婚时的聘礼之一，满族所重的尚武精神在婚礼各个程序中得到大力弘扬。「准皇后」奉迎入宫前在娘家的门上需悬挂枪、弓、梅针箭，在洞房还要悬挂腰刀，以不忘先人创业艰辛。

清乾隆　黑漆嵌金饰珍珠御用盔

喜棚
儀門
掌儀司伶樂
掌儀司伶樂
恭捧黃盤內務府官
恭捧黃盤內務府官
禮儀院司員
首領太監
上駟院官員
禮部司員
鑾儀衛牽大馬衛士
鑾儀衛牽大馬衛士

清 庆宽 载湉大婚典礼全图册（局部）

极具特色的多穆壶

纳采礼中的金茶筒，又叫「多穆壶」，多用金、银、珐琅、陶瓷制造，在清宫中收藏很多，是青海、西藏地区用来盛放奶茶的器具。以多穆壶为纳采礼，也体现了满族日常游牧生活习惯的特点。

清　银镀金龙凤纹多穆壶

清嘉庆　绿地粉彩勾莲多穆壶

纳采礼中有相应的纳采宴，是皇家为了酬谢皇后的父母而举办的宴会，感谢他们为大清朝诞育了可为天下之母的皇后，使皇帝得以择贤作配、佐理宫闱，以协坤仪而辅君德。皇帝会派大臣代表他本人宴请皇后的父亲，派公主、命妇宴请皇后的母亲。

清　红油纳采宴桌

此桌为清帝大婚时举行纳采宴时所用，届时此桌上陈设酒筵，赴席的王公大臣依临此桌席地而坐。

纳采宴的礼数

纳采宴会在皇后娘家举行，皇帝特命内务府大臣、侍卫、八旗公侯以下，满汉二品以上的官员，代行宴请皇后的父亲。按照满族饮食传统，先喝奶茶，后吃饽饽（面点），再吃酒席，宴会结束，以皇后父亲为首，朝向皇宫方向，向皇帝行三跪九叩之礼，以谢赐食之礼。

清同治　红地金彩喜字碗

清同治　矾红地金彩喜字开光龙凤纹碗

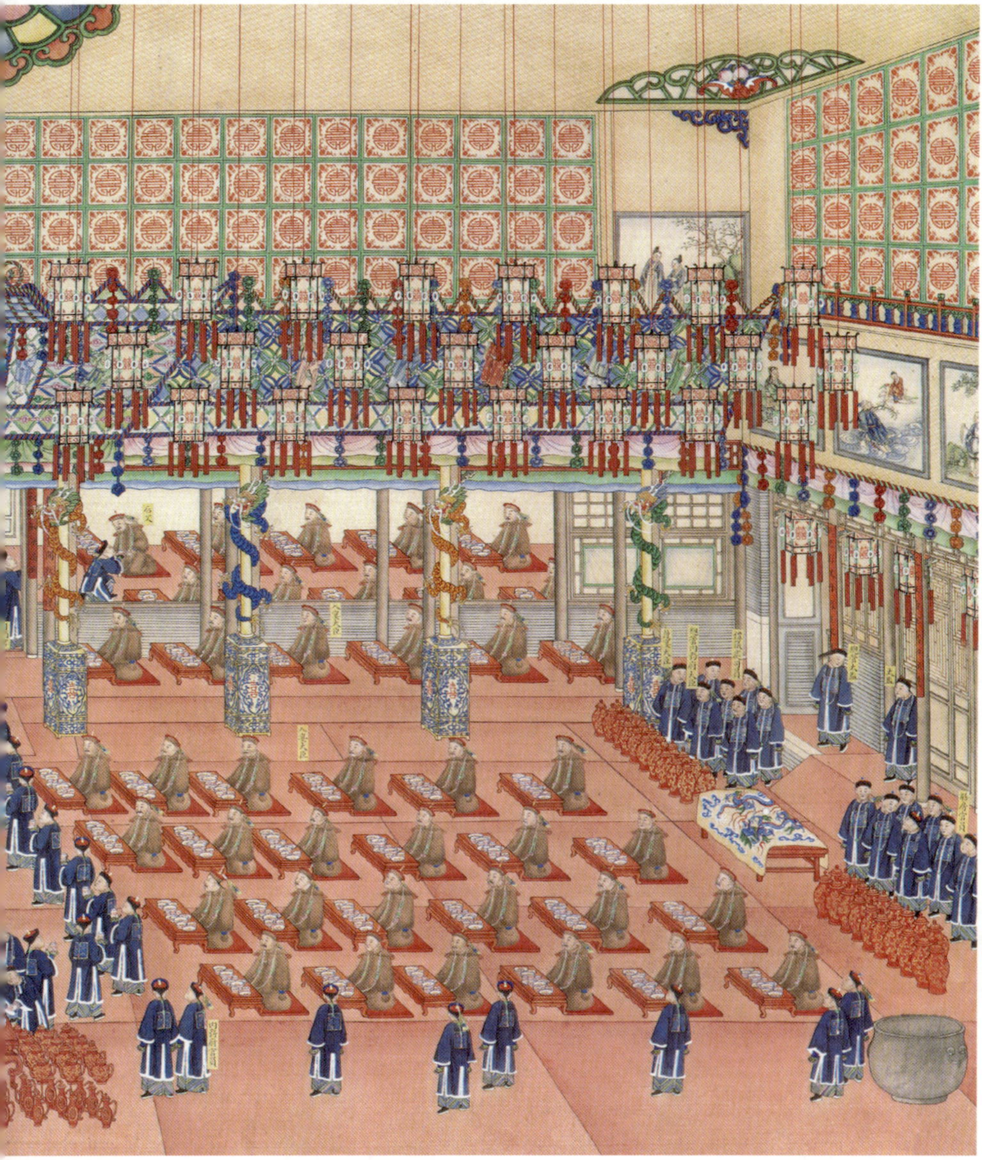

清　庆宽
载湉大婚典礼全图册
之「纳采宴」

明嘉靖
戗金彩漆龙凤纹菊瓣式盘

清 青玉镶金筷

清 金双喜福寿纹叉

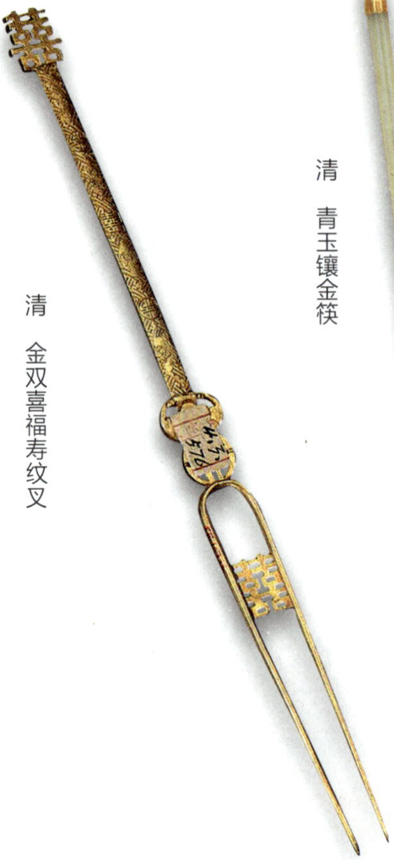

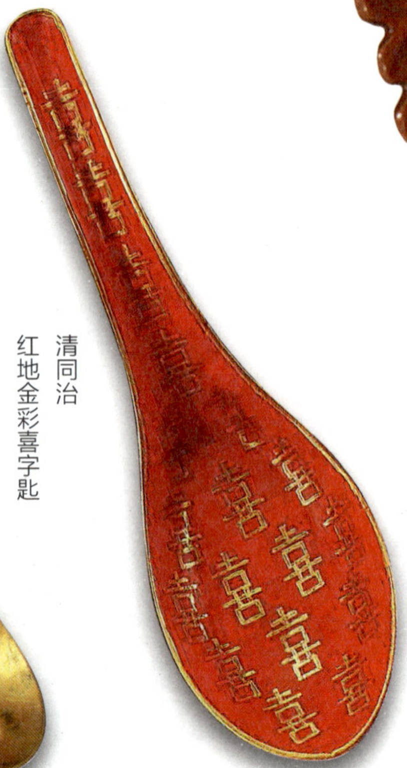

清同治 红地金彩喜字匙

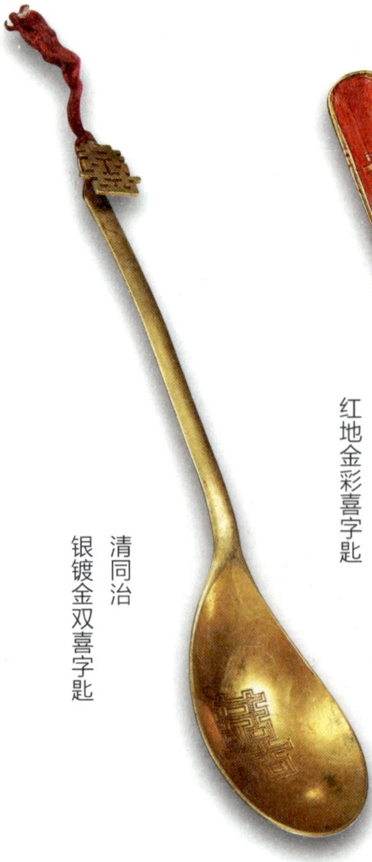

清同治 银镀金双喜字匙

清　画珐琅
花卉龙凤纹喜字圆盒

清同治　红地金彩
双喜字六节盒

清 银云龙纹暖酒壶

清 画珐琅花卉纹喜字火锅

昭德門
古銅麒麟成對
禮儀處司員

大征礼

清 庆宽 载湉大婚典礼全图册之「大征礼」

纳采礼之后为大征礼（又称纳征、纳币），是指男家派使者到女家送聘礼，女家纳聘后，婚姻之事乃成。清代皇帝大婚的纳征礼不以少为贵，而以多为实，把金银列在礼物之首，

并且区分出礼物与赐物，给皇后的为礼物，给皇后家人的为赐物。给皇后的礼物在大征礼之后仍要送回至宫中，给皇后家人的赐物，真正成为皇后母家所纳之「币」。

皇帝大征礼物

顺治皇帝大婚之时的大征礼为：黄金二百两，白银万两，金茶筒一具，银茶筒二具，金银盆各一具，缎千疋，布二千疋，马二十匹，鞍辔具，驮甲二十副，常等甲三十副；康熙帝大婚大征礼单为：黄金二百两，白金万两，金茶筒一具，银茶筒二具，银盆二具，缎千疋，马二十匹，鞍辔具，驮甲二十副，又马四十匹；同治帝大征礼为：黄金二百两，银万两，金茶筒一具，银茶筒二具，银盆二具，缎千疋，文马二十匹，鞍辔具，又马四十匹，驮甲二十副；光绪帝大征礼与同治帝相同。

清　庆宽　载湉大婚典礼全图册之「大征礼」

清　金锭

清　金元宝

乾清門
乾清門侍衛
乾清門侍衛
大門前引侍衛
上賞玉如意成柄
鑾儀衛校尉

抬送妆奁入宫

清 庆宽 载湉大婚典礼全图册之「皇后妆奁」

皇后的嫁妆并非由皇后母家筹办，而是由筹办皇帝大婚事务的大婚礼仪处负责。筹办皇后的妆奁首先要拟定妆奁的具体内容，开列清单，然后将清单交给朝臣、太后、皇帝反复

讨论、增减，才能最终确定。确定之后，才可以交给各个机构分头筹办。

什么是妆奁

「妆奁」一词语出庾信《镜赋》：「暂设妆奁，还抽镜屉。」原指女子梳妆打扮时所用的镜匣，是古人盛放梳妆用品的器具，后泛指随出嫁女子带往男家的嫁妆。战国秦汉时多为漆器，到了唐宋时除了追求精美，还讲究实用，随着明代家具的发展，妆奁最终演变成了大型梳妆台和便携式的梳妆匣。

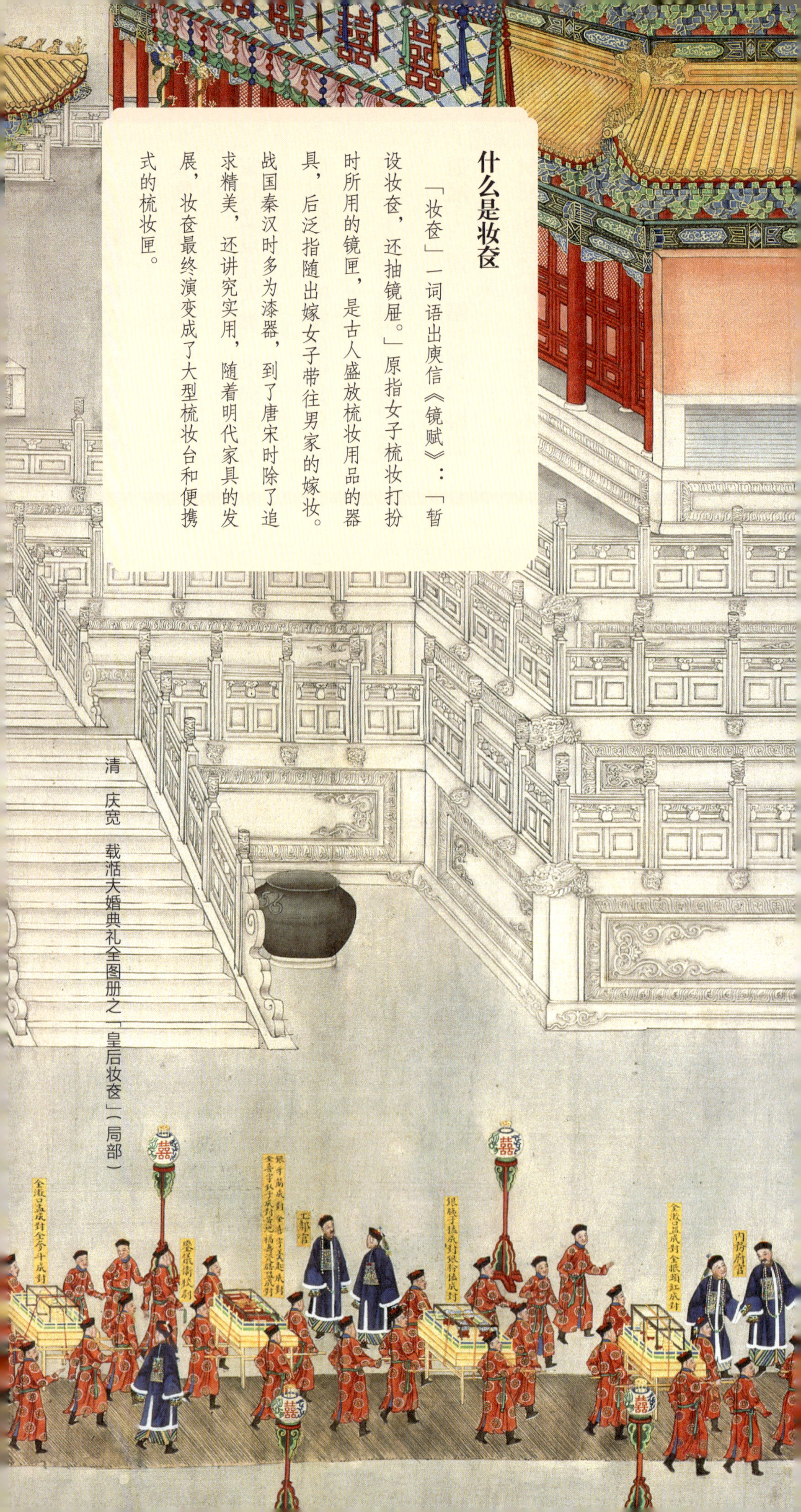

清　庆宽　载湉大婚典礼全图册之「皇后妆奁」（局部）

皇后妆奁大致分为冠帽衣物、珠宝首饰、被褥毡帐、家具摆设几大类。以同治皇后为例，她的妆奁中共有冠帽二十八顶（朝冠八顶，其他冠十二顶，帽八顶），根据材质和样式的不同用于不同的场合和季节：朝冠在重要的典礼中配合朝服使用，其

清　点翠嵌珠皇后朝冠

清 金累丝嵌珠宝凤钿

皇后妆奁的筹办

皇后妆奁分为内办和各处筹办等方式。内办的物品主要是冠帽鞋袜、珠宝首饰等物，这些物品内务府向有储备，在京城可以办齐，无需委托外地机构筹办。外办物品由京城之外的机构承办，主要是木器、铺垫、门帘、帐幔、衣料缎绸、皮张等项，交粤海关监督、江南、苏州、杭州织造，并奉锦山海关道承办。这些皇后的嫁妆已非内务府所能完成，地方督抚及各地官员均涉其中，有的甚至需要去国外采办。比如，《清同治大婚典礼红档》中记载了如钟表、穿衣镜等物，这些物品内地仿做者均不得法，必须由外洋购办。

他帽则具有一定的随意性，配合常服使用。衣物有皮、棉、纱等材质，朝袍、朝褂、朝裙、袄、斗篷应有尽有，工艺精细，颜色各异，是皇后妆奁的主要组成部分。

清宣统　杏黄绸绣云蝠双喜金龙女袷朝袍

衣、冠根据材质和样式的不同用于不同的场合和季节，朝冠在重要的典礼中配合朝服使用

清 珊瑚朝珠

清 金錾蝴蝶双喜扁方

清　东珠朝珠

清 银镀金嵌宝石串假珠凤纹簪

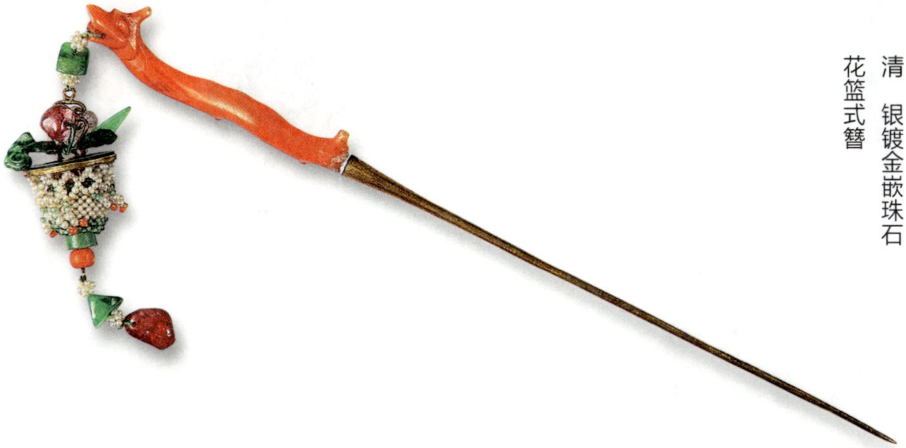

清 银镀金嵌珠石花篮式簪

清 串料珠绢珊瑚双喜字耳环

清　点翠花卉鸟蝶纹头花

清　银镀金点翠嵌宝石双喜蝠磬纹簪

清 银镀金嵌宝石串假珠凤纹簪（局部）

清　银镀金点翠嵌宝石双喜蝠磬纹簪（局部）

清 翠十八子手串

清 珊瑚戒指

清 金里镶翠嵌珠戒指

清　银镶石项圈

清　翠镂双蝠双喜纹佩

清 珊瑚嵌珠镯

清 金錾古钱纹指甲套

清 银镀金珠石累丝指甲套

首饰主要包括以各种名贵材质制作的钿子、扁方、簪子、耳坠、朝珠、佩、手串、戒指、指甲套等。被褥铺垫包括坐褥、靠背、迎手、床毡、地毡、帐幔等，此类物品在妆奁中的比重较小。家具门类齐全，小至脚踏、匣，大至架床、书槅、箱柜，无所不包，多由紫檀木、黄花梨、楠木等名贵木材

清晚期 铜累丝蝶式粉盒

制作。器皿摆设主要包括各式杯盘碗盏等实用物件，还有座钟、盆景、古董玉器、瓷器、珐琅器、竹木等陈设品。这些种类齐全的皇后妆奁一方面要映衬出皇家的尊贵，另一方面也要有与普通的妆奁一样的实用价值。整个妆奁的构成是皇帝、大臣、太后煞费苦心安排的结果。

清　银镀金双蝶纹喜字粉盒

清　广珐琅贴金八宝喜字暗八仙方胜式瓶

清 铜镀金嵌玉石玻璃菱花式盆玉石玻璃梅花盆景

清　铜镀金牌楼式
跑人转花音乐钟

抬送妆奁

置办齐备的妆奁在大婚典礼举行之前被抬送到皇后娘家，再由皇后的娘家抬送至宫中。首先，整个过程要由钦天监测定吉日。其次，确定妆奁的行进路线和沿途事宜。最后，确定每日抬送妆奁的内容及次序。

清 红绣双喜龙凤彩云子孙万代炕单

清光绪 红缎绣子孙万代平金喜字棉被

明 黄花梨木小箱

如意作头抬

光绪帝大婚时，皇后妆奁共二百抬，两天之内抬送完毕，哪些为头抬，是要由皇帝或太后来定的，第一天是以皇帝赏赐的金如意为头抬，第二天以玉如意为头抬。

清 金小如意

清 金如意

清 碧玉花卉福寿纹如意

清光绪 银镀金累丝玉瓦嵌珠石如意

第二章

成婚当日

如果说婚前诸礼是前奏的话，那么婚成礼就是婚礼的高潮了。皇帝大婚的婚成礼包括册立礼、奉迎礼以及合卺礼。此外，清代皇帝大婚还有坐帐、跨火盆与跨马鞍等习俗。

欽派大臣
后父率子弟跪送
大監
提爐侍衛
首領太監
提爐侍衛
右翼總兵
步軍統領
左翼總兵
侍衛

册立礼

慈宁宫外景

册立礼就是向「准皇后」授予象征皇后地位的由黄金制作的金册与金印，它们就如同皇后的「结婚证」一样。清代金册、金印用满汉两种文字镌刻。金印形制与皇帝御玺相同，用金五百两，并附有金印盒、印池及镀金钥匙一个、铜牌两个。金册共十六页，每册用金十八两，页与页之间以金片串连。册立礼在皇后府邸举行，经过册立礼后，待字闺阁的「准皇后」才真正确立皇后的身份。

册立之礼当日，一大早皇帝就要从日常寝居的养心殿起身，乘轿来到慈宁宫，向皇太后行礼。慈宁宫外皇太后的仪仗威严肃穆，皇帝跪俯在慈宁宫门前，向皇太后行礼，禀告将要迎娶皇后入宫。

清人绘 孝庄文皇后像轴

清　庆宽　载湉大婚典礼全图之「册立奉迎」（局部）

侍衛
禮部司官
中和韶樂
鴻臚寺官
鑾儀衛官
行禮王公
鑾儀衛官
黃案
法駕鹵簿
法駕鹵簿
法駕鹵簿

皇后之宝

清朝对皇后之宝有严格的规定，据《大清会典》载：「皇后金宝，清、汉文玉筯篆，交龙纽，平台，方四寸四分，厚一寸二分，用三等赤金五百两。宝盝高七寸八分，方八寸；宝色池，高二寸，方四寸八分，均金制。外椟绘凤文。」制作亦有严格的程序，首先由礼部依据成例奏报皇帝，然后由造办处制成印样，手写宝文，呈皇帝御览。皇帝钦定后，再由礼部发印样于铸印局，铸印局官会同内务府官于造办处祭炉监造。铸造完毕后交广储司银库以待镌字。镌字时，由钦天监选择吉期，礼部奏报批复，届时把宝印送至内阁，在内阁大堂行礼后，按内阁翰林院预先撰发的宝文镌刻，竣工后，收存内阁大库，待行礼时提用。最后再由工部办理制造宝盝、印池等一应物件。皇后之宝作为皇后身份的证据，只有在举行了相应的册封礼之后才有效。经过册封程序后，宝玺便被置于皇后宫中，以证皇后的身份和地位。

清 金龙纽「皇后之宝」

清 庆宽 载湉大婚典礼全图册之「册立奉迎」（局部）

像举行纳采、大征礼一样，皇帝仍要任命使节迎娶皇后。但是此次，皇帝要亲临太和殿举行任命仪式。銮仪卫已经提前在太和殿前、太和门外、午门外安设了皇帝的法驾卤簿，同时乐部在太和殿东西两廊下安放好了中和韶乐与丹墀大乐的各种乐器。亲王以下文武官员及正副使依次排班而立。当皇帝从慈

宁宫行礼后来到太和殿时，午门钟鼓齐鸣，中和韶乐奏响《叶平之章》，鸿胪寺官员引导皇帝阅视册立皇后的金册、金印后，皇帝坐上宝座。当丹墀大乐奏响《普平之章》时候，鸿胪寺官员引导亲王以下文武官员以及正副使依次排班而立，行三跪九叩礼，宣制官宣制曰：皇帝钦奉皇太后懿旨纳某氏为皇后。

使节接受金节后，中和韶乐奏响《舒平之章》，皇帝起身回到乾清宫等待皇后的到来。正副使节带领仪仗队伍及盛放金册、金印的龙亭及皇后凤舆出午门、大清门到皇后府邸进行册立礼，向皇后授予象征其身份和地位的金册、金宝。

清 庆宽 载湉大婚典礼全图册之「册立奉迎」（局部）

太和殿外景

太和殿内的宝案

太和殿前的品级山

品级山是干什么用的？

品级山是清朝大朝会时官员排班行礼之位标。其物仿明朝木制朝牌之例以铜铸，呈山状。高约三十厘米，中空，底面呈扁圆形，长约三十九厘米，短径约二十四厘米，上嵌满汉字品级阶位。每举行典礼之时，摆列太和殿前丹墀内御路两旁，东西各两行，每行自正、从一品至正从九品，各十八座，总共七十二座。

清 冷鉴、黄门等合绘 皇朝礼器图册之「皇帝大驾卤簿金辂」

清 冷鉴、黄门等合绘 皇朝礼器图册之「皇帝大驾卤簿宝象」

清人绘 法驾卤簿图卷（局部）

清　冷鉴、黄门等合绘　皇朝礼器图册之「皇帝大驾卤簿革辂」

清　冷鉴、黄门等合绘　皇朝礼器图册之「皇帝大驾卤簿导象」

清人绘　法驾卤簿图卷（局部）

清　皇帝卤簿中的各种幡、麾、旌等

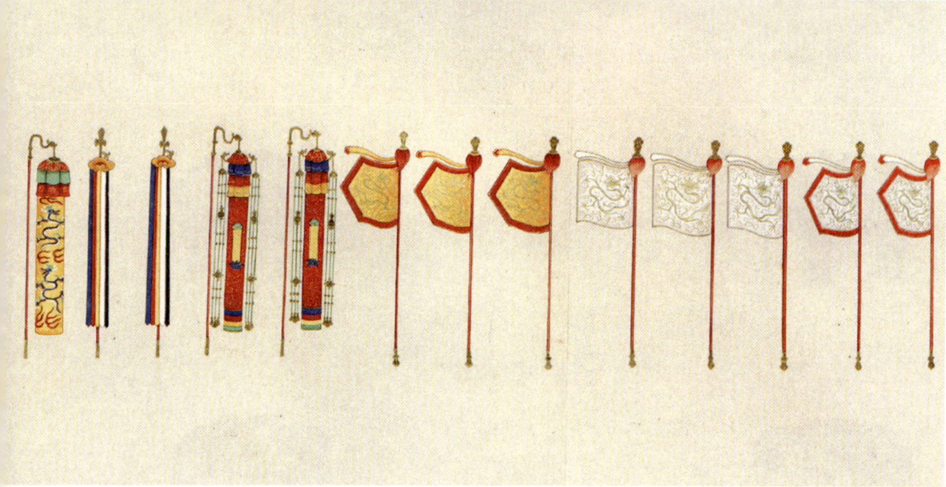

清人绘　法驾卤簿图卷（局部）

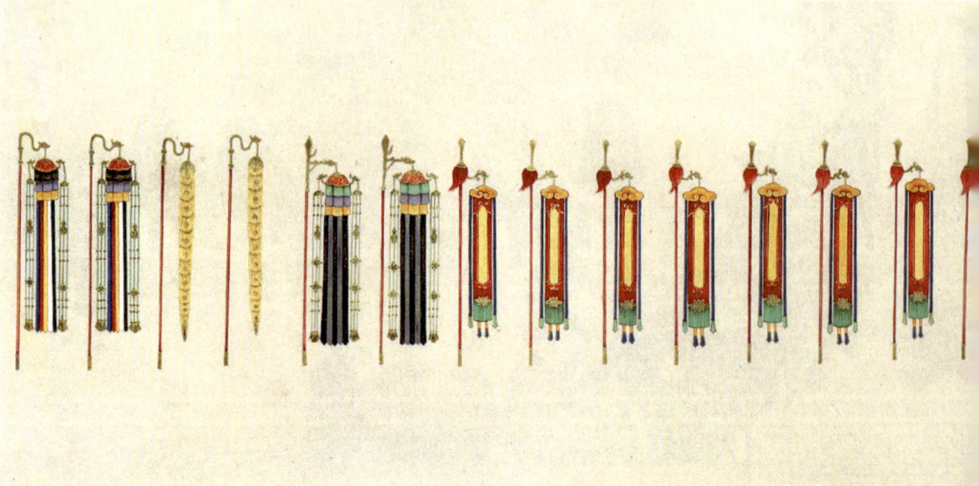

乾清門
乾清門侍衛
乾清門侍衛
保和殿

奉迎礼

清　大红色绸绣金万字地八团彩云蝠龙凤双喜纹女棉龙袍及其局部

皇帝大婚与普通百姓婚礼最大的不同，在于百姓在举行了婚前礼以后，一般由新郎亲自前往女家迎娶新娘，所以称此礼为「亲迎礼」；而皇帝则是先派遣使节，到皇后府邸对皇后进行册立，然后再将皇后迎入宫中。贵为天子的皇帝，自然不可能屈尊前去迎接一个女人，即便这个女人是他的新娘。因为是

皇后龙袍

皇后吉服袍又称龙袍，套穿在吉服褂内，形制为圆领、右衽、直身、马蹄袖端，左右开裾。以大红绸绣金万字地八团彩云蝠龙凤双喜纹女棉龙袍为例，此吉服袍以大红色绸为面，明黄色素绸为里，全身以金线和五彩丝线绣龙凤同合纹八团，列十二章纹，遍饰红双喜、团金万寿字、仙鹤、蝙蝠、鲶鱼、牡丹、五谷丰登等吉祥纹样，寓意夫妻和谐美满、幸福长寿，为光绪帝大婚典礼时孝定景皇后所穿用，是清宫所藏数万件清代服饰中仅存的两件皇后大婚吉服袍之一，弥足珍贵。

清人绘　孝钦后吉服像轴

由使节迎接新娘，故称「奉迎礼」，即奉命迎接之意。

册立礼之后皇后御吉服，乘坐凤舆出府邸，由大清门至金水桥、午门外，由午门的中门进入宫内。皇后凤舆由乾清门中门至乾清宫，内监奏请皇后在此降舆，诣交泰殿。之后，有命妇将皇后引至洞房，即坤宁宫东暖阁。

皇后穿什么样的衣服「过门儿」

行奉迎礼时，按照礼制皇后应该穿着吉服。吉服由吉服袍、吉服褂、吉服冠或钿子等组成。因吉服袍、吉服褂上的主要装饰纹样是龙纹，故而又称为龙袍、龙褂。除了大婚外，在亲蚕等重要典礼或重要时令节日时皇后亦要更换吉服。

清　大红纳纱彩云蝠寿八宝金龙单袍

清　明黄绸绣八团五彩云蝠金龙女袷袍

皇后龙褂

皇后吉服褂又称龙褂，套穿在龙袍之外，形制为圆领、对襟、平袖、后开裾。此件石青绸绣八团五彩云凤金龙双喜棉褂，为光绪帝孝定景皇后大婚时所穿，领口缀铜鎏金錾花扣一枚，拴系扣袢四枚，内衬明黄色素纺丝绸里，中间薄施丝绵。采取二至五色间晕与退晕相结合的装饰方法，在石青色江绸地上，运用平针、平金、戗针、套针、钉线等针法，彩绣八团龙凤双喜字等纹样。绣工精细，设色丰富饱满，衬托出大婚时的喜庆与热烈。

清 石青绸绣八团五彩云凤金龙双喜棉褂

清　石青缎绣八团彩云缉米珠寿喜龙袷褂

清 石青缎绣八团彩云绢米珠寿喜龙袷褂（局部）

右翼門
扈從鳳輿內大臣
帶豹尾槍大臣
鳳輿
太監
太監
提爐侍衛
執燈護軍

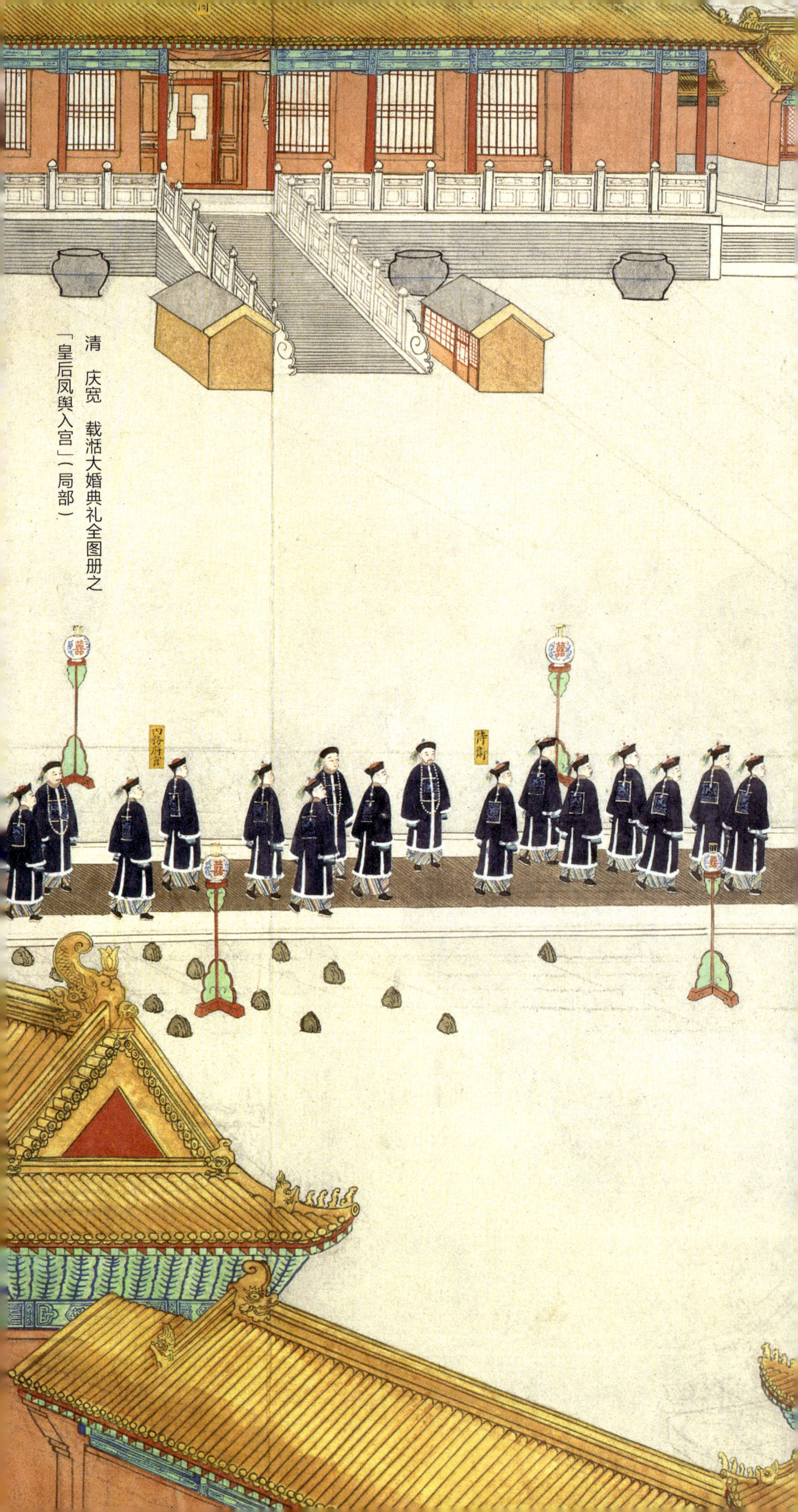

清　庆宽　载湉大婚典礼全图册之「皇后凤舆入宫」（局部）

钿子

钿子为清代后妃的一种首服，形似簸箕，多以纸、竹、金属等制胎，在胎上插戴钿口、钿尾等金属珠石首饰装饰。制度上吉服袍褂应该搭配配套的吉服冠使用，但是到清晚期，实际多以钿子顶替吉服冠。此外钿子还可以与氅衣、衬衣等便服搭配使用。

清　镀金点翠镶珠石凤钿子

清　点翠嵌珠石凤钿子

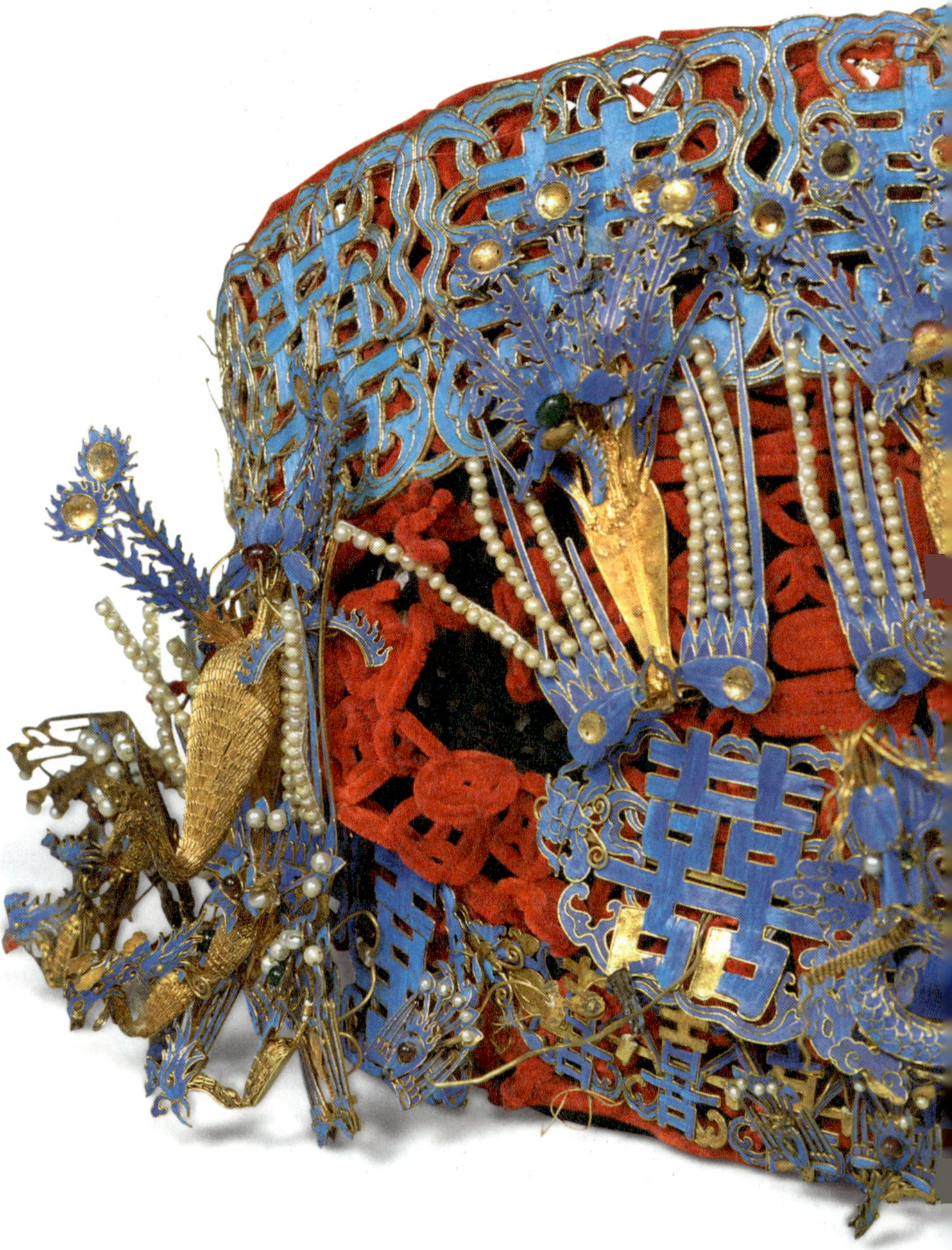

清人绘　孝贤纯皇后（乾隆帝皇后）半身像屏

清　点翠镶料珠
七凤纹头花

清　金累丝
九凤钿口

提爐侍衛
首領太監
提爐侍衛
右翼總兵
步軍統領
左翼總兵

清　庆宽　载湉大婚典礼全图册之「皇后凤舆入宫」（局部）

在远古时期，迎娶新娘多在黄昏时刻，后来渐渐改为清晨迎娶。明代皇帝大婚奉迎皇后也是在早晨。从档案记载来看，康熙帝与赫舍里氏合卺礼是在酉时，即下午五点至七点，因此，迎娶皇后应该在上午；同治帝大婚迎娶皇后选择在申时，即下午三点至五点之间；光绪帝奉迎皇后的时间为子时，即晚上十一点到凌晨一点之间。

清　冷鉴、黄门等合绘　皇朝礼器图册之「皇后仪驾凤舆」

从《光绪大婚图》中可以看到，迎娶皇后入宫的凤舆是明黄色，而且没有喜字的装饰。皇后凤舆的规制在乾隆年间确定下来，《清朝通典》中记载：乾隆十四年钦定皇后仪驾，凤舆木质，髹黄漆，通高七尺，穹盖二重。轿顶八角各饰有金凤，下方四面也有金凤装饰。轿舆有明黄色缎垂帘，上面绣有金凤。轿内置明黄色椅，椅上绘有金凤。椅上有明黄色绣彩凤的坐垫。

清　木红漆杆皇后轿

清 银镀金双喜字如意

乾隆帝定皇后凤舆规制是为了皇后亲蚕礼，而皇后亲蚕礼是皇后所主持的最高级别的国家典礼。因为乾隆帝即位之前就已成婚，所以在制定皇后凤舆礼制之时也就未考虑大婚时凤舆的规制。而之后的同治、光绪皇帝大婚之

时的凤舆也基本上是按照乾隆时期的规定制作的。光绪帝大婚时，迎娶到皇后之前，凤舆内提前放置了慈禧太后亲笔「龙」字轴及金双喜如意一柄，待皇后乘坐凤舆时，要手持金如意和苹果，寓意平安如意。

清 金錾花寿星如意

「掀起你的盖头来」

盖头是古时女子结婚时用以盖头的帛巾。故宫博物院所藏红缎绣云蝠龙凤盖头是光绪十五年（一八八九年）光绪帝大婚时孝定景皇后所用。它以喜庆气氛浓郁的大红缎为地，绣有造型优美的龙凤图案和蝙蝠纹样，以象征帝后地位的至尊无上并祈愿姻缘幸福美满。盖头的使用是皇后在娘家府邸前被恭迎时，登凤舆前盖在头上。至坤宁宫后由公主、福晋和命妇侍候，由皇帝揭去。

清　红缎绣云蝠龙凤盖头

乾清宮
總管太監
總管太監
鳳輿
首領太監
首領太監
尚乘轎太監
執燈太監
執燈太監
乾清門

合卺礼

皇后在乾清宫下轿，按照满族的习俗，需要跨过预先安放在乾清宫殿内的火盆，以驱邪气。之后到达坤宁宫，在坤宁宫门口的门槛上，要跨过预先安设的马鞍，马鞍之下放两个苹果，寓意平安。此时，皇后手中所持

清 红绸绣龙凤双喜圆拜垫

如意和苹果被命妇替换为宝瓶，皇后怀抱宝瓶进入坤宁宫。宝瓶是财富的象征，内装有珍珠两颗、宝石两块、金钱两个、银钱两个、金如意两个、银如意两个、金锞两个、银锞两个、金八宝两个、银八宝两个。大婚洞房就在坤宁宫东暖阁。

「苹苹鞍鞍」

清帝大婚，皇后入洞房前，有迈马鞍之婚俗，马鞍下还要放两个苹果，以「鞍」、「安」与「苹」、「平」谐音，取平平安安之意。

清　桃皮喜鞍

坤宁宫外景

坤宁宫东暖阁建于明永乐十八年，是明清两代皇后的正宫。坤宁宫在明代职能比较单一，只是皇后的寝宫。皇后从册立那天开始就住在坤宁宫，直至去世。清康熙初年，坤宁宫西半部改为萨满祭神场所，东半部因循皇后正位中宫的制度，仍为帝后洞房。新婚皇后在坤宁宫住三天之后，另择居东西六宫的某一宫殿。现在故宫博物院坤宁宫东暖阁就是按照清帝大婚洞房的布局陈设的：龙凤喜床

上高悬「日升月恒」匾，喜床上悬挂龙凤呈祥的幔帐，殿内处处喜气洋洋。值得一提的是，洞房内立柱上悬挂着一把腰刀，乍看上去似乎与洞房的气氛格格不入，但究其原因，却是满族文化习俗的体现，体现出满族重骑射、尚武的特点。

坤宁宫喜字门

坤宁宫喜房

日升月恒

坤宁宫喜床

喜房内柱子上挂的腰刀

清　红漳绒云龙炕毯

喜房中的喜蜡

洞房花烛

至清代，燃蜡仍为主要的照明方式，但制作工艺却远超前代，特别注重装饰性。光绪帝于夜里结婚，故而蜡烛使用较多，主要有五彩花蜡、红色葫芦形方蜡、云龙纹彩色花蜡、云凤纹彩色蜡、双喜字龙纹花蜡、福禄寿字花蜡等几种，在大婚期间在各寝宫内点燃。坤宁宫洞房中用双喜字龙凤纹花蜡，以龙凤喜字装饰，寓意吉祥。

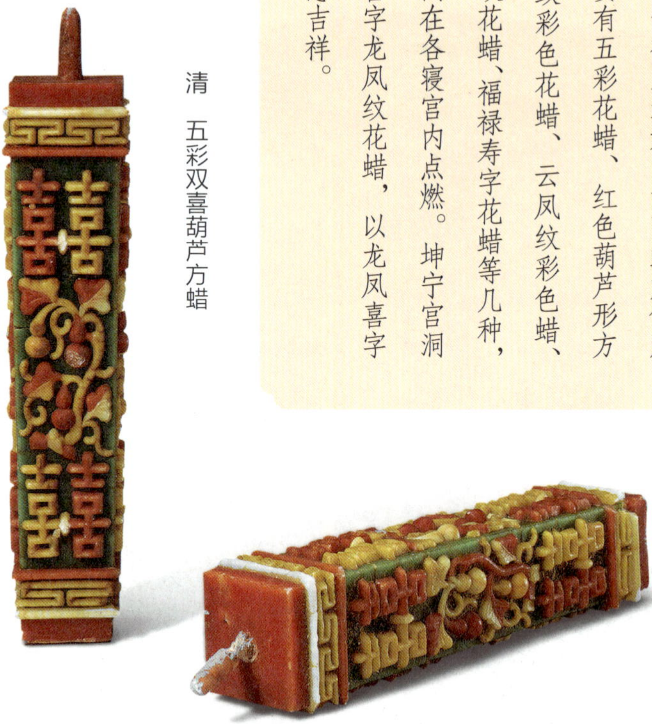

清 五彩双喜葫芦方蜡

坤宁宫喜房中的喜字桌灯

清　掐丝珐琅双喜字灯

清　金镂空葫芦式香熏

清人绘 孝贤纯皇后（乾隆帝皇后）朝服像

皇后进入洞房后，先要与皇帝同行坐帐礼，即帝后二人同坐在龙凤喜床上，面向正南方向天喜方位。这种礼节最初或许是让新娘经历了一番繁文缛节之后在喜床上歇息片刻，后来才发展成为一种特定的礼节。坐帐礼之后，皇后要重新装扮，换下奉迎之时所穿龙凤同合袍，穿上朝袍朝褂，象征着从平民女子到皇后身份的转

清　明黄绸绣彩云金龙棉朝袍

变。接下来，身穿朝服的皇后与皇帝行合卺礼。合卺礼是真正代表帝后二人成为夫妇的礼仪，类似于今日之交杯酒，即新娘进门后，与新郎在寝室中吃饭之时，同享各俎中的鱼肉，吃饭毕，席上特设置由一瓠剖制的两瓢，夫妇二人各执一瓢，来饮为了净口安食的酒，这都是为了表示夫妇一体、尊卑等同的亲密。

末代皇后

郭布罗·婉容（一九〇六年～一九四六年），字慕鸿，号植莲，满洲正白旗人。清逊帝溥仪的妻子，末代皇后。婉容与溥仪于一九二二年成婚，这是婚礼期间婉容身着朝服的旧照。

清　明黄绸绣彩云金龙棉朝袍

合卺礼时皇后穿什么衣服？

合卺礼时皇后要更换朝服。皇后朝服包括朝袍、朝褂、朝裙、朝冠、领约、金约、彩帨等，是皇后参加重大庆典期间穿用的最为隆重的礼服。以明黄绸绣彩云金龙棉朝袍为例，此件朝袍以明黄色素江绸为面料，上绣金龙彩云，红色双喜字，间饰蝙蝠衔寿桃、蝙蝠衔万字飘带、蝙蝠衔杂宝，寓福寿万代之意；下绣海水江崖、杂宝，寓福山寿海之意。为皇后大婚期间穿用的礼服，是《大清会典》皇后冬朝袍第三款，穿在朝褂的里面。

清 青纳纱彩云蝠双喜单朝褂

清　石青妆花缎袷朝裙

清　红色绸绣五谷丰登纹彩帨

彩帨

彩帨是清代皇后嫔妃朝服所用的一种佩巾，多以绸缎制成，呈上窄下宽的狭长条形，使用时佩挂于朝褂的第二颗纽扣上，垂于胸前。因谷穗的「穗」字与彩帨的「帨」字谐音，故而于彩帨上多绣有五谷丰登纹样，附予吉祥寓意。

清 镶珠宝石青绒凤冠

清 金累丝凤冠

清 金累丝凤冠（局部）

清　金龙凤双喜四字盘

帝后合卺宴吃什么？

赤金盘二品：猪乌叉、羊乌叉

赤金碗四品：燕窝双喜字八仙鸭、燕窝双喜字金银鸭丝、细猪肉丝汤二品

赤金盘四品：燕窝「龙」字拌熏鸡丝、燕窝「凤」字金银肘花、燕窝「呈」字五香鸡、燕窝「祥」字金银鸭丝

赤金螺蛳碟小菜二品

赤金碟小菜二品

红地金花字瓷碗二品：燕窝八仙汤二品

五彩百子瓷碗二品：老米膳二品

五彩白子瓷碗二品：子孙饽饽二品

——《光绪大婚典礼红档》

帝后合卺宴所用的「五彩吉祥」龙凤碗及筷子

清 同治款金錾花双喜圆寿茶碗

合卺宴上的餐巾

怀挡即是餐巾，多为正方形。清代帝后用膳时均在胸前垂挂怀挡，以防膳食沾污衣装。明黄绸绣龙凤双喜纹怀挡，以明黄绸为地，用多色丝线，精心绣制「龙凤呈祥」主图案，其间穿插彩云仙鹤、蝙蝠杂宝等纹饰。龙凤代表了帝后，二者施于装饰纹样，非帝后不得用之。此件怀挡即为光绪时期帝后大婚时所用，表达出阴阳相合而生万物的传统思想以及由此而衍生的对姻缘美满的祝愿。

清 明黄绸绣龙凤双喜纹怀挡

明 子刚款白玉单凤双螭万寿合卺杯

清代的合卺礼始于康熙朝，在顺治帝的大婚礼仪中并未见此环节。这也表明了清代宫廷接受汉族传统文化，其婚俗也同受其影响了。

鑾儀衛官
金轉花洋鐘成對
金四面轉花洋鐘成對
禮儀處司員

第三章

婚后礼节

男女婚后，还需要表明新娘正式成为男方家庭的一名成员，这些婚后的礼俗包括庙见礼与朝见礼。皇帝、皇后成婚之后也有这些婚后礼，另外不同于寻常百姓之家，还多了颁诏、庆贺与筵宴三项礼仪。

太和門
紫檀雕事事如意月圓桌成對 分二抬
内務府官
紫檀茶几成對
紫檀寶椅八張 分四抬
鑾儀衛官

庙见礼

庙见礼，就是新娘子到夫家的家庙中去祭奠祖先，以求得男方祖先神灵的接纳。如果未行此礼，则不算夫家成员，也就是「进不了家庙」。这在重视礼法的中国古代是非常严重的事情。

皇帝大婚后的庙见礼，是指新婚后帝后一同去祭奠先朝帝后。顺治皇帝大婚时，从明代起就是供奉祖先之所的奉先殿尚未修复。到康熙皇帝大婚时，虽然奉先殿已经修复完工，但康熙皇帝的婚礼办得很简约。所以，顺、康二帝大婚或许根本未行庙见礼。

清　喜神牌位

喜神

喜神就是吉神，办婚事又称办喜事，当然离不开喜神。旧俗，新娘坐立须对正喜神所在的方位，但这方位何在，就要请教算卦的人。喜神，一说是指葛成（葛贤）。葛成这个人整天嘻嘻哈哈，救济穷人，常持一芭蕉扇，爱打抱不平，乐善好施，是副城隍神，有难事者都求他去化解，民间称其驱魔将军，拿下人间妖魔，使百姓万家平安。

清宫喜神神位板上的字并不是直接写在木板上的，而是在神位板外套有一红纸套，纸套上墨书「喜神之神位」，这样做是为了更换便捷。喜神牌位的朝向、位置要依据钦天监演算之方位安供，并按照钦天监演算之吉时礼拜。

喜神桌上都供啥？

喜神桌通常放置在坤宁宫，除了放置喜神神位外，桌上供品还包括：「喜字如意」、「红漆喜字香斗」、「青苹果」等，取「吉祥如意」、「清朝平安」之意。

清　红漆喜神供桌

同治、光绪两位皇帝的庙见礼是在婚后次日举行，但是新婚的帝后拜见祖先御容却是去的寿皇殿及其他宫内各殿。康熙皇帝去世，雍正皇帝将其圣容悬挂在停棂的寿皇殿中，雍正皇帝去世，乾隆皇帝也将其圣容悬挂于此，并在不久后下令将原藏体仁

清　红漆描金花卉纹嵌玉如意及其局部

婚后礼节

到底什么时候举行庙见礼？

《仪礼》记载，如果舅姑（新郎的父母）已经去世，则新娘成婚后三个月内到家庙中举行庙见礼。如果舅姑尚在，则成婚第二天去拜见舅姑，舅姑为新娘安食漱口，以示长辈的关怀。至宋代《文公家礼》则将婚后三月缩减为三天，并且无论舅姑是否在世都要行此礼。但是，据《大明会典》记载，明代皇帝大婚礼仪的顺序是庙见礼排在成婚当日的奉迎之后、合卺礼之前，不算婚后礼。未行合卺礼就还不是夫妻关系，先行庙见礼祭拜先祖，足见当时婚礼的不规范。

阁的太祖、太宗、世祖及各位皇后的圣容全部移至寿皇殿。所以，同、光二帝婚后庙见礼就改在寿皇殿进行了。另外，由于个别原因，承乾宫、毓庆宫、乾清宫、建福宫也有先代帝后的圣容，新婚的帝后也要逐一去祭拜行礼。

寿皇殿

侍衛
禮部司官
鴻臚寺官
行禮王公
中和韶樂
鳴贊官
黃案
行禮王公
鴻臚寺官
法駕鹵簿

朝见礼

近试上张水部

洞房昨夜停红烛，待晓堂前拜舅姑。
妆罢低声问夫婿，画眉深浅入时无。

——唐·朱余庆

清　黄杨木雕荷花式如意

顺治皇帝大婚时的朝见礼记载较为简单。大婚典仪结束后，皇后带领自己的母亲及公主、福晋、命妇去位育宫（保和殿）朝见婆婆孝庄文皇后（顺治皇帝的第一位皇后博尔济吉特氏是孝庄文皇后的娘家侄女）。康熙皇帝大婚的朝见礼记载也很简单，就是在大婚第二天，孝诚仁皇后赫舍里氏带领自己的母亲等女眷分别去孝庄文皇后宫、孝惠章皇后宫行朝见礼。所谓朝见礼，也就是简单的谢恩而已。

同治、光绪大婚时的朝见礼要完备、详尽

清　掐丝珐琅万福纹如意

的多。皇后要先换上吉服——戴凤钿，穿明黄五彩龙袍、八团五彩有水龙褂，戴项圈，拴辫子手巾，挂东珠朝珠。清代皇后朝见皇太后是把「妇见舅姑」与「妇馈舅姑」（亲自下厨给公婆烧饭做菜）及「舅姑飨妇」（公婆做饭给新媳妇吃）三个礼仪步骤给合并了：皇后要先向皇太后献如意（并不是汉族传统婚礼中的枣、栗、腶修）作为「见面礼」，然后侍奉皇太后盥洗及进膳食。皇后与皇太后当然不用亲自去御膳房做饭，自有宫中服务机构代劳。

新娘见公婆要拿的「见面礼」

新娘在朝见公婆时，要手拿竹器，里面盛着枣、栗、腶修（姜桂干肉）作为见面礼。其中，枣取早起之意；栗，取战栗之意；腶修，取振作之意，用来比喻新媳妇侍奉公婆要勤谨、敬畏。

皇后向皇太后进献如意

如意在中国古代许多重要场合都是用来表达心遂人意的愿望。清代皇帝大婚，皇后朝见皇太后并不需要此前各代那么具体的物品，比如枣、栗等等，而仅以一柄如意即可代表一切愿望。

清 白玉三多如意

清　紫檀雕云蝠纹柄嵌玉雕花鸟纹三镶如意

皇后婚后礼缺了一项

民间新娘子过门后还有权做一件事，就是「回门」，称归宁礼，就是回娘家探望生身父母。但是，皇后一旦嫁入皇宫，就要在这红墙之内呆到死，不可能让你出宫回家的。那皇后怎么能和父母相见呢？清代有「会亲制度」，就是每年皇后或皇妃的亲生父母可以进宫来看看女儿，但是兄弟姐妹不行，所以《甄嬛传》中甄嬛的妹妹跟随母亲来宫中探望是不可能的。《红楼梦》里贾元春回大观园省亲，这也是小说杜撰，妃子更不可能独自出宫回娘家。只有跟皇帝出巡的时候，才有出宫的机会，但也不可能让你独自回娘家。

丹陛大乐
外国来使
法驾卤簿

颁诏、庆贺与筵宴

清 庆宽 载湉大婚典礼全图册之「颁诏」（局部）

颁诏礼，就是要将皇帝大婚的事情诏告天下。颁诏礼正式开始时，内阁学士先将诏书放在太和殿内黄案上，等皇帝在太和殿接受各地官员贺表之后，由礼部官员用黄云盘将诏书捧至午门外龙亭之内，銮仪卫全程打黄盖护卫，六部官员跟随。捧诏官员行一跪三叩礼之后，銮仪卫校尉抬香亭走在前面，龙亭紧随其后，在乐声中来到天安门，捧诏官员再行一跪三叩礼，将诏书捧到天安门城楼上的黄案上，文武列立两厢。宣诏官登上天安门，用满汉两种语

言宣读诏书。读完后，文武百官三跪九叩。捧诏官将诏书放在朵云内，用彩线系好，衔于金凤口中，「飞」下天安门，有礼部官员在城楼下跪接，再把诏书放回龙亭中，在乐声中将龙亭抬到礼部，之后将诏书镌刻，正式颁行天下。

庆贺礼相对简单，王公大臣进献贺表，在丹陛之下叩拜，山呼万岁。皇帝大婚国礼的范畴，自然要有隆重的庆贺。

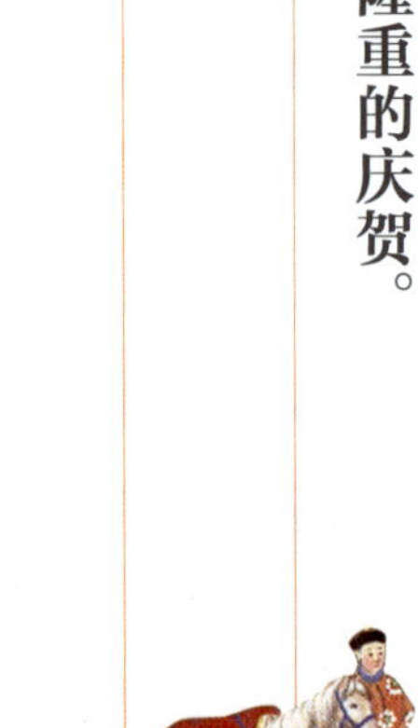

皇帝结婚要先向老太后祝贺？

中国古代皇权至高无上，皇太后只是皇帝的尊长，皇帝对他只限行家礼，而非国礼。但晚清慈禧太后主政，皇帝只是儿臣，所以光绪皇帝结婚的庆贺礼就比较特殊了：光绪皇帝必须先率王公大臣到慈禧太后的慈宁宫进表庆贺，之后才可以御太和殿接受王公大臣进表庆贺。

清 庆宽 载湉大婚典礼全图册之「颁诏」（局部）

大婚礼成，皇帝要在太和殿设宴庆祝。清末同、光二帝大婚时，筵宴礼已经有了很完备的程序：首先，皇后的父亲宗族与王公大臣要在慈宁门向皇太后行礼，然后到太和殿丹陛东西两面站立。之后，礼部官员奏报筵宴齐备，请皇帝驾临太和殿，

清　庆宽　载湉大婚典礼全图册之「慈宁宫庆贺礼」

此时午门上钟鼓齐鸣，中和韶乐奏响。皇帝登大宝，群臣向皇帝行大礼，丹陛大乐奏响，官员依次落座。筵宴开始，先进奶茶，再饮酒，紧接着便是庆隆舞。这一切结束后，随着百官向皇帝行一跪三叩礼，丹陛大乐再次奏起，礼部堂官奏报筵宴礼成，銮仪卫官员甩响三声鸣鞭，中和韶乐再次奏响，皇帝回至内廷。至此，整个皇帝大婚的典礼才算结束。

清 庆宽 载湉大婚典礼全图册之「太和殿庆贺礼」、「赐宴」

清　庆宽　载湉大婚典礼全图册之「赐宴」（局部）

入宴外国来使
入宴文武各官
入宴文武各官
法駕鹵簿

卤簿金八件

皇帝卤簿之中，金提炉二、金唾壶一、金水瓶二、金香盒二、金盥盆一，合称金八件。刻有龙纹的金八件完全是皇帝专用，皇后和皇太后只能用刻有凤凰的金八件。铜鎏金、银质等低于纯金的材质的金八件也可以在妃子中使用，但数量不能大于六件。

皇帝卤簿中的金八件

筵宴礼中的小知识

皇帝筵宴礼上要设法驾卤簿、乐悬、黄幕反坫等，其他比较好理解，「反坫」是什么呢？反坫，就是放置爵杯等物的架子，《论语·八佾》：「邦君为两君之好，有反坫。」筵宴礼上用反坫，是否可以理解为把被宴请之人——皇后之父置于与皇帝相等的地位？

筵宴礼的奏乐也有讲究。皇帝到太和殿，中和韶乐奏《会平之章》；百官行大礼时，奏《调平之章》；进奶茶时，奏《国肇鸿基之章》；舞乐结束后，丹陛大乐奏《介平之章》；最后，伴随銮仪卫三声鸣鞭，奏《抃平之章》。另外，筵宴之上，还会表演蒙古乐曲、高丽筋斗、回子乐、粗缅甸乐等技艺，好不热闹。

清初，筵宴礼不仅是皇帝在太和殿赐宴皇后的父亲与其他宗族男眷，皇太后还要在其宫中赐宴皇后的母亲及其他宗族女眷。但是到了清末，大婚礼仪完备，皇太后就仅仅是赏给皇后母亲一桌饭菜而不再设筵宴款待了。这应是男尊女卑观念在筵宴礼中的反映。

清 庆宽 载湉大婚典礼全图册之「法驾卤簿」（局部）

清 铜镀金龙纹提炉

每逢大典之时，金提炉陈设在太和殿中门门槛以外，承以髹朱漆描金花纹八角盘，放置在方几上。

清 铜镀金龙纹香盒

清　铜镀金龙纹瓶

清 铜镀金盥盆

清 铜镀金唾壶

清乾隆

铜镀金双龙纽云龙纹编钟

此套编钟为乾隆五十五年铸造，共用金一万一千四百三十九两，一虡（悬挂乐器的架子）十六枚，包括十二正律和四个倍律（低音）。

清乾隆　铜镀金甬纽桥口镈钟

同样是钟，器形较编钟巨大，可特悬（单独悬挂）在钟悬之上，故又称「特钟」。演奏时，以十二律中的何律为宫（相当于现在唱歌的时候起多高的调），就要摆好哪一律的镈钟一架，在乐队演奏之前先击一声镈钟，以「定调」。

清　碧玉描金云龙纹编磬

此套编磬用碧玉或灵璧石雕琢而成，一虡十六枚，律名与编钟同。

清乾隆 碧玉描金云龙纹特磬

和镈钟一样，也是每一枚一架，用法也和镈钟相同，只不过是在乐曲终结之时敲击一声。

清　麾

中和韶乐的指挥器，举则奏乐，降则乐止。

镈钟与特磬的故事

在明代的中和韶乐中是没有镈钟和特磬的，清乾隆二十四年，江西出土了古钟十一枚，乾隆皇帝为了效仿先秦礼乐，命按十二律用铜镀金仿制了十二枚古钟，用碧玉另造了十二枚特磬，二者均是每枚一架，于乾隆二十六年完工。这样，清代中和韶乐的演奏中才有了镈钟和特磬的身影。

乾清宫檐下的演奏中和韶乐的乐器

清　云锣

丹陛大乐中的敲击乐器，每架用铜锣十面。

演奏中和韶乐的排场

中和韶乐的演奏，除了有编钟、编磬外，还有埙二、篪二、排箫二、笛四、箫四、琴四、瑟二、笙八、搏拊二，以上乐器分东西两侧对称设置。另外，乐队的东侧还有镈钟一、建鼓一、麾一、柷一；西侧有特磬一、敔一。

清　金漆彩画云龙纹建鼓

在中和韶乐的演奏中，每一乐句完结时，要击建鼓三下。

乾清宫廊下陈列的特磬、编磬旧影

清 金漆彩画云龙纹搏拊

上古时期的搏拊是在皮袋中装糠，击时只有节奏而没有共鸣。明清时改为横长的小鼓，两头都可以拍打。演奏时，搏拊挂在乐工的脖子上，和建鼓相配合，建鼓每敲击一声，搏拊左右各击一声。

乾清宫廊下陈列的建鼓、编钟、镈钟旧影

清乾隆

红漆描金云龙纹木椟竹管排箫

编排多管吹奏乐器，每管一音，共十六枝竹管，律名与编钟相同。

清 木彩画柷

在中和韶乐的演奏中，
无论乐队编制庞大与否，
柷的数量只有一个。
其方位固定，
位于乐队的东侧。
用木锤敲击帮板里面，
用以起乐。

清 金漆彩画敔

如伏虎形，背上植二十七片
长方形木片，
每三片为一组排列，称鉏铻。
演奏时，用竹质的籈
（半截整竹，
另外半截为劈开的
二十四根细竹条）
逆刮鉏铻，用以止乐。

清　红漆彩画云龙纹埙

清　大铜角、小铜角和蒙古角

大、小铜角在铙歌鼓吹乐、前部大乐、凯旋铙歌乐中使用；蒙古角则在铙歌大乐、铙歌清乐中使用。三种铜角皆为号角，不能演奏出音阶来。

清　笛和篪

笛子为竹质，与现代笛类似。篪也为竹质，类似笛但比笛粗，又称竹埙，是一种低音吹奏乐器。笛和篪分仲吕、姑洗两种音律，阳月（单数月）用姑洗律，阴月（双数月）用仲吕律。

清　木黑漆描金双龙戏珠纹斗笙

古代的笙为匏质，以后逐渐以木质取代。簧片在古代用薄竹片，清代开始用薄铜片。

清　箫

清　龙鼓

铙歌鼓吹乐、卤簿乐中大量使用。以二十四面为一组。

清　钢方响

丹陛大乐中使用的敲击乐器，群臣行朝会礼时演奏。其发音器为窄长方形钢板。一虡十六枚，律名与编钟相同。

中国古代音乐的五音十二律

中国称懂音乐为「通音律」。其中「音」指得是五音，又称五声，即五种音阶：宫、商、角、徵、羽。「律」是指用三分损益法（以截取竹管长度定音的方法）将一个八度分为十二个不完全相同的半音，每一个半音即为「律」，一共有十二律，从低到高依次为：黄钟、大吕、太簇、夹钟、姑洗、中吕、蕤宾、林钟、夷则、南吕、无射、应钟。十二律又分阴阳两类，奇数六律（黄钟、太蔟、姑洗、蕤宾、夷则、无射）称阳律，偶数六律（大吕、夹钟、中吕、林钟、南吕、应钟）称阴律。奇数各律称「律」，偶数各律称「吕」，故十二律又简称「律吕」。五音十二律相互配合，谱写出悦耳的中国古典音乐。

明　仲尼式琴

琴面用桐木，底部用梓木制成，共用七根粗细不同的丝弦。

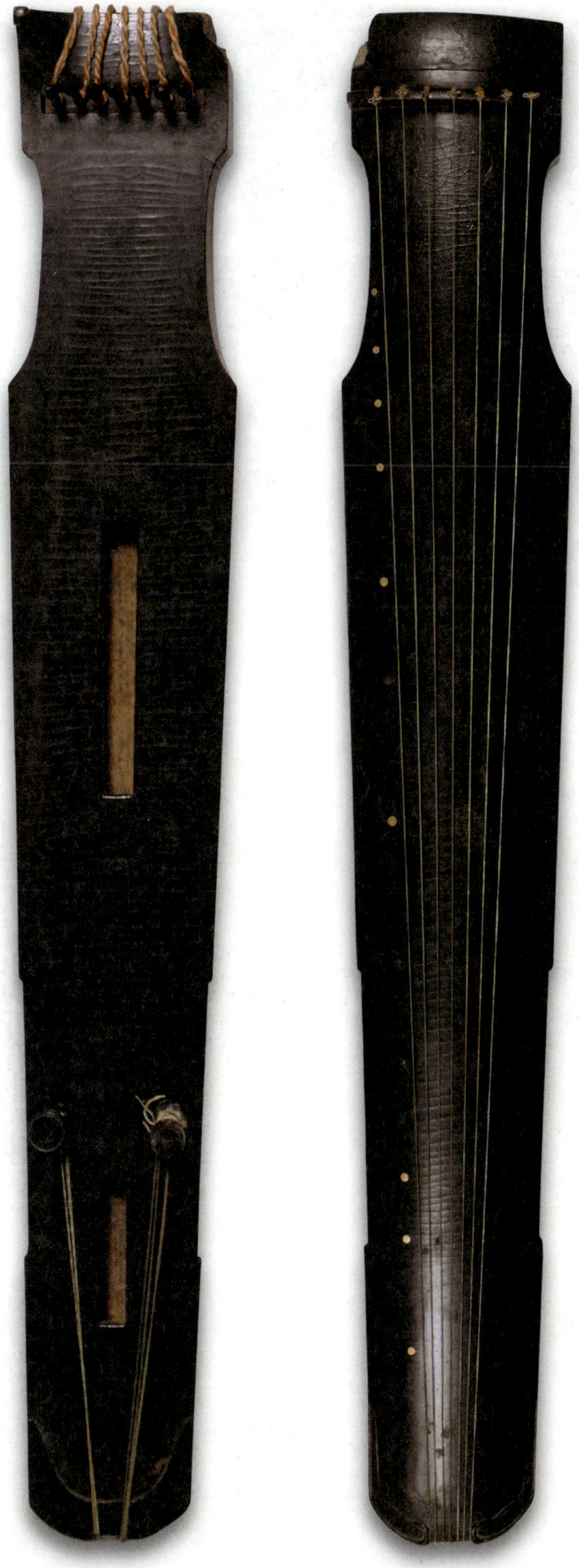

清　瑟

桐木制造，体大于琴，有弦二十五根，粗细相同。每根线有柱可移动，用来调节音高。

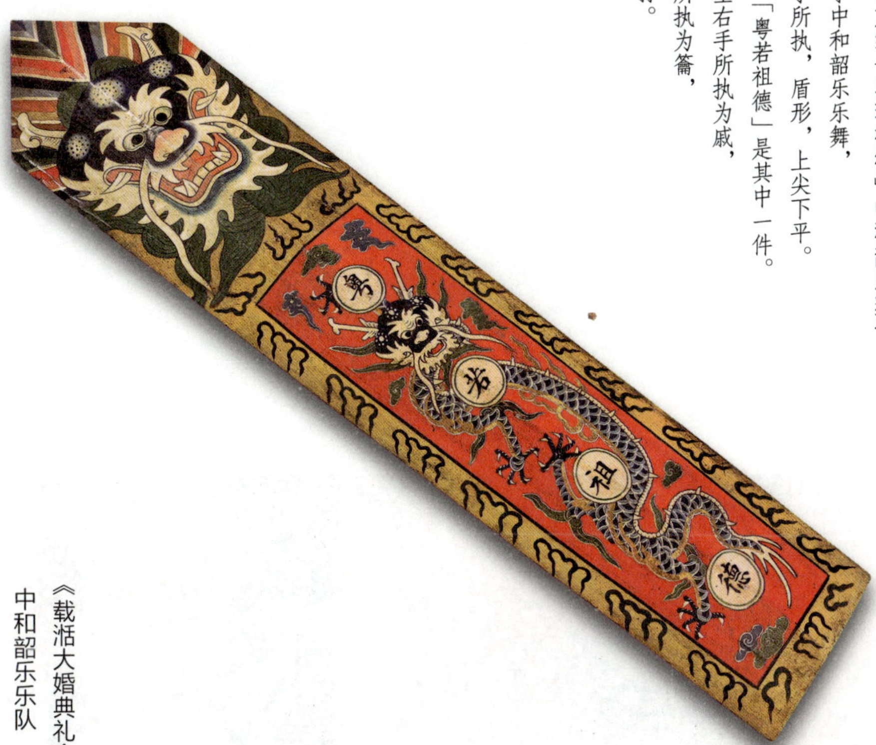

清　木彩画云龙纹「粤若祖德」中和韶乐舞干

干，清代用于中和韶乐乐舞，为武舞生左手所执，盾形，上尖下平。一套共八件，「粤若祖德」是其中一件。另外，武舞生右手所执为戚，文舞生左手所执为籥，右手所执为羽。

《载湉大婚典礼全图》册中的中和韶乐乐队

《载湉大婚典礼全图》册中的庆隆舞场景

清　画珐琅宝相花喜字温碗

清宣统
青花蝠寿喜字大碗

清同治「燕喜同和」款矾
红地描金喜字碗

本书内容节自《紫禁城》二〇〇六年八月号、许静《清代皇帝的大婚庆典》。

内堂
首領太監
總管太監
節案
總管太監
首領太監
恭捧黄盤内務府官
恭捧黄盤内務府官
總管内務府大臣
總管内務府大臣
工部堂官
禮部堂官
正使
副使
鴻臚寺序班
鴻臚寺鳴贊官
禮儀處司員
禮儀處司員
御仗前導
御仗前導